El mundo que respiro

Seix Barral Biblioteca Mario Benedetti

Mario Benedetti
El mundo que respiro

Diseño de colección:
Josep Bagà Associats

© 2000, Mario Benedetti

Primera edición en esta colección: enero de 2001

Derechos exclusivos de edición
en castellano reservados para
Argentina, Chile, Paraguay y Uruguay
© 2001, Editorial Planeta Argentina S.A.I.C. / Seix Barral
Independencia 1668, 1100 Buenos Aires
Grupo Planeta

ISBN 950-731-294-3

Hecho el depósito que indica la ley 11.723
Impreso en Colombia

A luz,
55 años después.

EL CORAZÓN Y LA PIEDRA

Sigue, pues, sigue, cuchillo,
volando, hiriendo. Algún día
se pondrá el tiempo amarillo
sobre mi fotografía.

MIGUEL HERNÁNDEZ

DOS CIELOS

Clausuro el portalón del año viejo
pero queda una tímida rendija
por donde miran / tiernos y del sur /
los ojos blancos de mis muertos
con sus revelaciones que no cesan
y que presumo no van a cesar

crisis cartas latidos inocencias
intentan deslizarse al año virgen
pero hay otras y otros
que prefieren quedarse
insomnes en su sábana
bajo un cielo ya antiguo

sé que el sol es el mismo /
que la lluvia y los hongos
son los mismos
pero el futuro es otro
más compulsivo y arduo
con épocas que están
aún por inventarse

no obstante en la rendija
inútil del pasado
hay árboles maltrechos
infancias distraídas
mares verdes y náufragos
pájaros que desmienten el olvido
y otro cielo sin nubes
a punto de entreabrirse

quisiera estar a solas
en ese parque añoso de tristezas
que conozco cantero por cantero
pero cada lugar tiene su tiempo
cada tiempo su marca
cada desolación su maravilla

tengo el futuro a mis espaldas
alevoso y falaz / incalculable /
lo oscuro venidero me persigue
con su propuesta de cenizas
y su cielo velado / el de costumbre

sin embargo es hora de admitir
que a mis ochenta bien cumplidos
yo ya no estoy para dos cielos
apenas uno y ceniciento

OTRA LLUVIA

Llega en gruesas hilachas
primera lluvia del dos mil / ignoro
si hará crecer el trigo o los perdones
lluvia contaminada por fatigas
memoria de otros muros otros prados
que espera con la música más viuda
y el soliloquio de las muchedumbres

primera lluvia del dos mil y virgen
no la violamos todavía
con el paraguas del destierro
o la alabarda de la duda

llueve con bárbaro tesón
moja a los niños y a la tierra
y a las lombrices y los sapos

nada es igual / ahora
la lluvia duerme en la sequía
y allí copulan dulcemente
como palomas y palomos

probablemente
algún futuro se desmadre
y estalle como un arco iris
donde estaremos los que estamos

ÁRBOL

Era un árbol sin nombre que en las noches
no en todas las noches sino algunas
se volvía casi fosforescente
como un tic vegetal de su alegría

pero las lechuzas y los murciélagos
y los mochuelos y los búhos
quedaban tan perplejos
que se desvanecían

y sin embargo ello era así
porque aquel árbol albergaba
un sentimiento en cada hoja
y la fosforescencia apenas era
el pavoneo de su corazón

en una noche de tormenta
un rayo se abrigó en su copa
pero ésta no apagó sus luces
y el rayo se hizo nada

hay que considerar
que en cada amanecer

el árbol se apagaba
es decir se dormía

a veces despertaba
lleno de pajaritos
pero no era lo mismo

GAJOS

Puede existir un gajo de corazón
que no traiciona
que lava sus hechizos
en una sangre fiable
que sin pausa bombea

no traiciona
es decir que no sufre cuando sufre
el resto de la hechura

suele haber un gajo de corazón
que se queda cuando todos se van
    es decir cuando viajan las piernas
    la barriga el pescuezo las rodillas el sexo
un gajo que se queda porque asume su sitio
    en las tallas de veras / las salvadas
    de un pánico amoroso / las curadas
    con bálsamos del alma

el resto del difícil corazón
    es más propenso
a la tentación de la lujuria
a la fascinación de los que ganan
a las promesas de los píos

sólo con ese gajo de corazón
    que no traiciona
que lava sus hechizos
en la sangre fiable que sin pausa bombea
se puede sobrevivir en el vacío
mientras se aprende a respirar

PRONÓSTICOS

No quiero hacer pronósticos sobre mí mismo
prefiero hacerlos sobre mis apariencias
los pronósticos sobre mí mismo
son pálidos mordientes e inseguros
en cambio a las primeras apariencias
consigo doblegarlas
meterlas en un brete
llevarlas al espejo

en los pronósticos sobre mí mismo
siempre le erro como a las peras
pero en las apariencias me reencuentro
de a poco se convierten en algo de mí mismo
y sólo entonces pasan los pronósticos
a ser inesperada profecía

BLUES DE LA DISTANCIA

Cuando el barco comienza a deslizarse
el muelle ya no cuenta en el diseño
las despedidas son casi irreales
los pañuelos se pierden en el tiempo

empiezo a estar lejano / la distancia
sale a buscar un horizonte nuevo
adelante no hay nada / mar inmóvil
mar de grises / mar sordo / mar de vientos

tanta rutina líquida me ofrece
un invisible trueque de silencios
la distancia se achica o se agiganta
pero la nada me provoca vértigo

en el ojo de buey claman las olas
es el momento mágico del miedo
nadie reza ni canta / nadie sabe
qué primicias vendrán con el agüero

mi arrugadísima clarividencia
me revela que en un puerto extranjero
habrá una piña de desconocidos
esperando a otra piña de viajeros

pero en el interludio las ausencias
avivan la distancia y el invierno
con suerte y con amores he aprendido
a seguir devanándome los sesos

el blues de la distancia llega y parte
me deja dos baladas y un deseo
qué bueno si volviera preocupado
y se quedara cerca por decreto

GUITARRA

Ah la guitarra esa mujer en celo
que habla en su canto y muere en su silencio
con tu salud de música nacida
me brindas un placer casi doliente
y eso porque tus cuerdas te dicen lo que digo
y lo que digo es triste de cristal

ah la guitarra esa mujer que llega
con un amor de huésped indefenso
tu mástil o tu puente o tu rasgueo
tu voz quebrada en todos los idiomas
me dejan libre para la alegría
que sube y baja en tu cordaje neutro

ah la guitarra esa mujer sensible
que invade el patrimonio de la noche
mueve las humedades del follaje
y se roza con árboles sonámbulos

ah la mujer esa guitarra erótica
que se exhibe desnuda en la terraza

DESNUDECES

Desnuda una mujer vale la pena
cuando la contemplamos a distancia
porque después / si estamos sobre ella
sólo la vemos con la boca ansiosa

una mujer desnuda es un silencio
que no admite pudor ni violaciones
un silencio a menudo tembloroso
de tanto amor y tanta profecía

una mujer desnuda tiene normas
puede dejarse amar con toda el alma
con todo el cuerpo a veces / pero nunca
con el arte de besos fariseos

EL INFINITO

El infinito es un instante
dijo simone weil
y en ese instante / digo yo /
la rosa pierde pétalos
un árbol se desnuda
la tierra se estremece
el corazón vacila

el infinito es un instante
y en ese instante
una campana suena
breve como un chispazo
el saber es ceniza
el cielo se emborracha
ya no sé quién es quién

el infinito es un instante
y en ese instante
cabe lo que no cabe
en un siglo colmado
loco infinito
flor de un tris
sin noche ni alboradas

instante sin salmodias
y sin algarabías
poco antes de nacer
se muere de desgana

el infinito es un instante
y en ese instante
el mundo nos adiestra
con máquinas de cólera
tatuajes de ternura

es un instante
pobre instante
sin comienzo ni fin
un desperdicio

Ensimismados

Estos versos están ensimismados
lo que saben lo saben en clausura
son versos con metáforas inmóviles
viven su humillación como los pobres
y se quedan con pájaros a solas

estos versos se nutren de algún rostro
que pudo traspasar la barricada
y se quedó a rumiar con la poesía
a intuir sin censura / a vislumbrarse
y pulir cada verso sin recelo

estos versos están ensimismados
como atributos de un anacoreta
su única virtud es deshojarse
aceptarse en azul en rojo en verde
sin ganas de salir a ser oídos

MUNDO QUE SE DESHACE

El mundo se deshace / explota / gime
sin pañuelo de paz que lo despidan
se hunde se destierra se concluye

sabios de pacotilla interrogaban a marte
comprueban que está muerto y sin historia
y en esa nada invierten
los millones del hambre

el mundo los mundanos los mundillos
se atragantan de miedo / sin embargo
millonan sin cesar los millonarios
con lágrimas de otros compran euros
y con los euros compran armas
y con las armas fundan la basura
de los cadáveres sin cruces

el mundo desafina con el hombre
trabaja sin cesar por su suicidio
quiere morirse de una vez por todas

loco de inundaciones y seísmos
de hipocresías y otras religiones

pobre mundo de mierda y de huesitos
va rodando redondo en el espacio

el mundo es un escándalo / su estruendo
hecho de rock y cañonazos
va anonadando todos los sigilos
y perforando tímpanos y utrículos

hasta las oraciones odian los decibeles
pero allá arriba siguen más sordos que beethoven

Niño con lluvia

¿Dónde quedó la infancia
su complicada sencillez
cuando de noche entraban los fantasmas
y de inmediato desaparecían?

si de niño me hallaba con la lluvia
y ella me mojaba con paciencia
yo me quedaba dócil y empapado
porque aquello era el sudor del cielo
pero lo mejor era que yo sabía
que me estaban mintiendo
que la lluvia era apenas un lenguaje
que añísimos después
yo acaso entendería

hay gotas ermitañas / primerizas
que le estrenan a uno la bondad
otras que son garúas / secundarias
que descienden sollozantes y pulcras
y otras más que se unen en duros aguaceros
y son las que trasmiten las certezas

para un niño la lluvia siempre es magia
lo retiene entre rejas / lo remansa
revela los secretos de los sueños
y lo vuelve curioso e incansable

niño sin lluvia es como huérfano
sin lluvia es como náufrago
sin lluvia es como en pena
porque la lluvia es la memoria
que el techo cielo envía generoso
o convulso o travieso
o simplemente aliado del invierno

HORÓSCOPO

No olvides el pudor de la almohada
sólo así vencerás tu hipocondría
de paso irá mejor tu economía
y el tiempo correrá como si nada

si juegas te irá bien en la jugada
tu salud tendrá fibra y lozanía
el amor colmará tu fantasía
y el trabajo será cosa sagrada

el regocijo vencerá al letargo
todo irá viento en popa y sin embargo
aunque te encuentres guapo en el espejo

y disfrutes del beso y la palabra
habrá un minuto en que la noche se abra
y te despiertes pobre triste y viejo

VIDA TRISTE

En la limpieza de la vida triste
cabe el alivio de soñar tranquilo
puede que la inocencia se desmande
pero en seguida vuelve a lo que era

la vida triste pasa con dulzura
equivocada o no / se juzga a solas
sus desamparos pule con ahínco
porque en el fondo sabe lo que quiere

la vida triste puede ser tan bella
como los claroscuros del ocaso
tan luminosa como la pobreza
tan sorpresiva como la bondad

en la limpieza de la vida triste
puedo ganar el nido de tus brazos
puedo mirarte y ser mirado apenas
con las misiones que encomienda el alma

LA POESÍA

La poesía / altillo de almas
puede ser amplia o muy estrecha
por eso la odian o la aman
con ardor y perseverancia

vitrales para la tristeza
suele ser su modus vivendi
tragaluz para la utopía
es su desquite de bondades

y vaya cómo la maltratan
por su verdad sin paliativos /
con sentimientos abre penas
con penas nos traduce al prójimo

quizás es un modo de alentar
o una variante del milagro
la salvación del abandono
o un caminito hacia el amor

es su misión / la poesía
hace posible que esto siga
cruce la historia en un fulgor

deje al pasado en su hojarasca
y le haga guiños al futuro

en el altillo de las almas
la poesía sigue indemne
no es un azar / no es un ombligo
madera y dios / música y aire

es un drenaje de la vida
que enseña a no temer la muerte

EL CORAZÓN Y LA PIEDRA

—Tu profecía, poeta.
—Mañana hablarán los mudos:
el corazón y la piedra.

ANTONIO MACHADO

Con la mudez del corazón se aprende /
la de la piedra es un pecado inútil /
hay piedras que parecen corazones
y corazones duros como piedras

piedras y corazón complementarios
como el árbol y la sombra del árbol
como el cordón umbilical y el niño
como el crimen perfecto y el suicidio

un corazón mudo de nacimiento
también puede latir amordazado
y así callar sus culpas vacilantes
o vacilar ante el primer recelo

la piedra en cambio tiene la misión
despreocupada de ser sólo piedra
arriba pasa el cielo / abajo el río
la llovizna acaricia su apatía

ah corazón y piedra / qué amalgama
qué obligación del hombre y su destino
qué fiel contradicción / qué disparate
qué poquito nos queda en este soplo

CALLES

Cada vez que regreso estas calles son otras
quizás han enflaquecido con la gripe del sur
los ojos y ventanas asoman sus recuerdos
los mendigos de ahora usan computadoras
motos y bicicletas me pisan los talones

las calles se quedaron sin nostalgia y sin árboles
por lo pronto no lloran en antiguas esquinas
cierran puertas y almas con un doble candado
para que no les roben sus nombres legendarios

yo camino las calles buscando señas rostros
memorias firmes y baldosas flojas
hay una nueva mezquindad vacía
aunque algunos se amen todavía en la calle

los espacios más verdes siguen siéndolo
los pocos rascacielos son ascetas
pero no los conozco / son milagros
demasiado fingidos y terrestres

las calles se trasladan / se deslizan /
se entienden con la gente pese a todo

conservan pozos chispas carnavales
y cuelgan ángeles de los semáforos

sí / las calles son otras cuando vuelvo /
algunas se detienen a abrazarme
me reconocen y encienden faroles
soy el mismo peatón de los ochenta

otras me miran fijo / con su mejor inquina
porque a pesar de todo sobrevivo
pero las calles que a mí me conmueven
son las que anduve antes y ando ahora

NEUTRO

Dios nunca es imparcial
aun entre los santos
tiene sus favoritos
y entre los pecadores
siempre hay un pobre diablo
que se lleva el castigo

el señor reconoce
dónde le aprieta el cielo
y aunque esté tan remoto
tan lejos de lo lejos
sus antenas le soplan
quiénes son / quiénes no

lo neutral no es divino
ni la muerte es neutral /
cuando toma partido
por el fuerte o el flojo
en sus umbrales juega
con las posteridades

CONCIENCIA

La conciencia es ubicua
la siento a veces en el pecho
pero también está en las manos
en la garganta en las pupilas
en las rodillas en los pulmones
pero la conciencia más conciencia
es la que se instala en el cerebro
y allí ordena prohíbe festeja
y hasta recorre interminablemente
los archipiélagos del alma

la conciencia es incómoda
impalpable invisible pero incómoda
usa el reproche y las bofetadas
las penitencias y el sosiego
las recompensas y las paradojas
los gestos luminosos y libertarios
pero la conciencia más conciencia
es la que nos aprieta el corazón
y vaga por los canales de la sangre

Pasos del pasado

Todavía escucho los pasos del pasado
cuando el deseo y yo éramos tan ágiles
que perseguíamos lo bien mirado
y también lo escuchado y lo fingido
oh éramos ágiles como atletas
y hasta olvidábamos lo inolvidable

los pasos del pasado sólo se detenían
cuando un mensajero del corazón llamaba
con una queja gutural o un rezo
se detenían porque resbalaban
en el pavimento o las baldosas grises
y sobre todo en la humedad del llanto

los pasos del pasado se fueron de la senda
adrede se desviaron de todas las promesas
no sé por dónde andan / en qué ocaso
se instalaron o quieren instalarse
para crear con método y cautela
los misteriosos pasos del futuro

QUÉ PRIMAVERA

Vaya con esta primavera estúpida
y su frío desubicado y triste
sin pezones sin cielo sin colores /
nos abrigamos hasta el corazón
y no obstante temblamos de sorpresa

para sudar estábamos dispuestos
no para el rencoroso escalofrío /
en un invierno de mentira / hipócrita
loa árboles se agitan desolados
y hasta las golondrinas se persignan

mis diez dedos están en los bolsillos
y la bufanda gris manda en la niebla
hasta los pensamientos se congelan
los párpados son siervos de la lluvia
y cuando sueño / sueño con el sol

ah primavera de los otros / mía
del cardenal a la paloma / tuya
del quebracho y el pino a la palmera
nunca serás invierno / siempre fuiste
el prólogo contento del verano

LOS SILENCIOS SE ACERCAN

A medida que el tiempo va rodando
los silencios se acercan y me cercan
son un pedazo de mi mundo a solas
supervivientes de una sombra antigua /
también están perplejos pero agitan
el asta mensurable del olvido

su liturgia es de sabios / de prodigios
que ya nadie recuerda ni atesora /
los silencios se asoman y nos miran
nadie como ellos logrará inventarnos
son el espejo azul de lo que somos
y la nada virtual en que nacimos

los silencios en tiempo de vendimia
tienen otro sabor / otra ternura
se dejan seducir por los adioses
y parpadean como los relámpagos /
los silencios se acercan y me cercan
para que pueda envejecer callado

OJOS SECOS

El más triste es el llanto de ojos secos
el que se llora con o sin memoria
con la garganta / con la calavera
o las bisagras del recogimiento

antes lloraba por las guerras locas
con fábulas de sangre y osadía
por el paisaje herido de temblores
por los cansados de mirar al cielo

pero los ojos se secaron / sabios
se secaron despiertos / errabundos
no saben qué mirar ni qué asumir
son ojos deslumbrados / cenicientos

por eso el llanto seco es la muralla
en que se estrellan todos los desdenes
y uno vive buscándose / buscándose
tragándose las lágrimas saladas

LIQUIDEZ

Cuando el mar y la mar se enamoraron
nació un delfín con la sonrisa puesta
y en lo oscuro más hondo de la noche
creció con un extraño resplandor

cuando el mar y la mar se separaron
el delfín se asomó a la superficie
y poco acostumbrado al abandono
contó su breve historia a las anguilas

se fue el mar hacia el norte en busca de algo
la mar hundió en el sur sus languideces
y el huérfano delfín contrajo el vicio
de asomarse al calvario de los hombres

RECORRIDO

La infancia vale / entre otros atributos /
como artificio noble y resistente
sigilo alborotado sin disculpa
pijama de fantasma en el crepúsculo
pavura inaugural frente al estanque
sueños cruzados por escalofríos

cuando la infancia se nos vuelve heroica
nada la detendrá salvo el silencio /
con el descubrimiento de los nombres
viene la apariencia de lo feliz/
todos se confabulan para hacernos
lugar en la sonrisa y en el llanto

la infancia se adelanta adole(s)ciendo
dispuesta a usar el cielo como un toldo
y al pernoctar en las edades mágicas
aprende que no hay eternidades /
su misión de guardiana ha concluido
y el cuerpo queda solo con su alma

vienen los pasos quedos del azar
cargando con la juventud más joven

mientras los besos cándidos maduran
y se aproximan al clamor desnudo /
hay pechos en las manos / hay palabras
que aunque no digan nada dicen todo

y aquí brota la vida / el fuego fatuo /
del corazón caen las hojas secas
y se abre el templo de lo real y mórbido /
la franqueza se vuelve sol y sexo
el cuerpo a cuerpo del amor se nutre
y repta por las noches abrasadas

ya la infancia se va / precaria y loca /
la vejez está lánguida de arrugas
y ha olvidado que fue una profecía /
ya no hay desconsuelos ni celajes
la memoria no tiene más ardides
y la infancia se funde con la muerte

RUINAS

A veces me enamoro de las ruinas
de su aroma su niebla sus arcanos
me abochornan sus franjas de dolor
pero me alienta su recordatorio
las ruinas aman a las lagartijas
y viceversa / entre ellas se comprenden
hay escombros / vestigios del espíritu
amarguras tan nuevas que son tiernas
y uno con ellas vibra / se conforma /
en cierto modo son islas desiertas
donde uno se arruga y se hace viejo
cada brasa final / cada crepúsculo
viene discretamente con su ruina
y es entonces cuando uno se enamora
de los pactos vencidos y negados
de las noches sin luna / prodigiosas /
de la memoria hereje que renace
pero se hace la humilde olvidadiza /
me quedo con las ruinas destinadas
a crear ostracismos para siempre
pese a todo pese a nada y a nadie
los fundadores de las ruinas francas
conocen los adioses como dioses

ESTAR VIVO

Estoy vivo
          no está mal estar vivo
y seguir escuchando a zitarrosa
que está muerto
           está mal que esté muerto

las voces que uno quiere no se callan
viven y sobreviven / sobrenadan
en la memoria fiel y escandalosa

yo me devuelvo a mí
          yo me recibo
con la seda del lago y cuatro cisnes
con el signo fatal de los idénticos
y los hilos de la desesperanza
con la prudencia de los egoístas
y la imprudencia de los generosos

estoy vivo
          no está mal estar vivo
y seguir escuchando a gustav mahler
transcurro lenta cautelosamente
y nadie se preocupa de mis huellas

medito con los labios apretados
y compruebo
no está mal estar vivo

BENDITO SEA

Bendito sea el Señor
por haber decidido
tan espontáneamente
no existir

todos nos quedamos mirando al cielo
desconsolados pero realistas
esperando que el próximo crepúsculo
traiga una magia laica

asoma el huracán que ahora está huérfano
y arrasa con las glorias y las penas
la pirotecnia irrumpe en las parroquias
como terapia para feligreses

este borde de agnósticos gasta melancolía
pero si dios por fin se ha llamado a silencio
le echaremos de menos en pleno escándalo
cuando nos propinaba su paliza en latín

primavera de ateo crepita en el desierto
no hay nadie en el oasis
ni siquiera un camello

nadie en el rascacielos
ni en la selva amazónica

estamos desvalidos y no obstante
ejercemos la fuerza de los solos

Despistes

Las cosas que uno olvida suelen ser
las que valdría la pena recordar
digamos los ojos de mirar la lluvia
o la casa sin nadie al regresar de un viaje
o el poema perdido en no sé qué obras completas
o la esquina de exilio en que ella estuvo
o el abrazo amigo que ya no estará

por más que se anoten en retina o pañuelos
uno queda vacío de ciertos estupores
de insomnios visitados por la muerte benigna
de piernas de mujer que iluminan la calle
o la virtual resaca del arrepentimiento
o el aliento del perro que nos sigue

así y todo hay etapas que no se borran
aunque soplen agüeros y tempestades
y derrotas sacrílegas nos apabullen
y el pulso saque cuentas de las urgencias
y sobrevivan huesos y pulpas de la patria
y por qué no la madre y su teta alimenticia

no se borra el cansancio del olvido
ni la frontera en que el rencor acecha
ni el menosprecio que nos rozó la nuca

esos y otros escombros se refugian
en el currículo del alma vieja

ÚLTIMAS PALABRAS

Hay mentiras que vuelan como albatros
y otras que vibran como colibríes
embustes enormes como aconcaguas
y otros pequeñitos como tréboles

suele mentirse como se respira
como se pestañea o se estornuda
mentir en el amor es más difícil
porque en el beso suenan las alarmas

la verdad es tan pulcra tan extraña
como el atajo que atraviesa un bosque
no obstante lo peor lo imperdonable
es mentir en momentos decisivos
por ejemplo en las últimas palabras

REMONTAR LA NOCHE

*No tomaba ningún libro sin besarlo
en la frente.*

ELÍAS CANETTI

MELANCOLÍAS

Como es sabido la melancolía
no es sinónimo de soledad
aunque una y otra lleguen
con un llanto sequísimo
una ternura en trozos
una tristeza que no tiene nombre

con la melancolía no se juega
sobre todo si sube desde los huesos
y se abre temblorosa y delirante

hay una melancolía que se engancha a la vida
y otra melancolía que se asoma a la muerte

pero los melancólicos no son candorosos
conocen por lo general de qué se trata
la asumen como una fiebre recurrente
como una propensión a la dulzura
o un modo inédito de respirar

normalmente
la soledad y la melancolía

tienen vergüenza de mostrarse
sólo el amor les infunde coraje
y las convierte en pájaros de fuego

VIAJAR O NO VIAJAR

Me gustaría que alguien me explicara
de un modo inconsolable pero cierto
por qué si los cruceros me esclavizan
la vida sedentaria me libera

los viajes me transforman me degradan
arman nostalgias en las que no creo
me enseñan a mentir en otras lenguas
y hasta llenar de culpas mi inocencia

me gustaría que alguien me explicara
de un modo sin fisuras pero claro
por qué cuando el avión se despereza
se borran la belleza y las ideas

en mi sillón el tiempo es tan distinto
veo llover y pienso por kilómetros
así sentado nunca me abandono
convierto lo lejano en cercanía

Espejos

Todas las servidumbres
del espejo son falsas
todas nos encandilan

el mar no tiene espejos
vive solo en sus sales
en su agüero portátil

la luna lejanísima
tiene brillos de espejo
y también de lujuria

jamás olvidaré
que esto es el sur espejo
un país de gaviotas

la gaviota se acerca
al mar como a un espejo
y al hallarse se espanta

nadie refleja nada
nadie tiene paciencia
para saberse otro

cuando me veo triste
con los pelos revueltos
sé que yo no soy ése

y si sonrío pienso
en un amor que al irse
me ha dejado tan serio

los espejos se rompen
para que se nos rompa
también la vanidad

SIN EMBARGO

Nunca quise ser eco / y sin embargo
nunca quise ser sombra / y sin embargo
nunca quise ser duelo / y sin embargo
no quise ser escarcha / y sin embargo
me arrinconó la vida

SUEÑO Y VIGILIA

Busqué un azul de amanecer
para poder sentirme cuerpo

y así fui armando la vigilia
con ruinas de otro manso sueño

el estupor de esa vigilia
lo fui dejando junto al miedo

quise no ser una vez más
y sin embargo sigo siendo

cuando los ojos se me cierren
me quedaré otra vez sin cuerpo

Remontar la noche

Me gustaría remontar la noche
de la infancia con lágrimas y miedo
para verla por fin en su crudeza
en su signo verídico y sencillo

la inocencia no es sólo de los niños
es también de los bravos y los viejos
y no es blanduzca ni condescendiente
ni se distrae en su mudez balsámica

los años nos recorren / implacables /
soportamos el cuerpo a duras penas
los años son maestros de abandonos
y nos dejan más solos que la una

nadie se esconde / el corazón es fácil
todavía produce sentimientos
algún rencor que otro / ojos de lluvia
mitos que son del enemigo

¿por qué no puedo concentrarme
en los cordones de mi sombra?
¿por qué no puedo entrar a saco
en el ardid del horizonte?

me gustaría remontar la noche
para nacer de nuevo / duelo y fiesta
con todas las lecciones aprendidas
y el corazón un poco más difícil

ME GUSTARÍA

Siempre que llueve
me vienen ganas de escribir salmos eróticos
si en cambio cantan un mirlo o un jilguero
me vienen ganas de besarte en frío
si una muchacha se lava los pies en una palangana
me gustaría secárselos con una toalla de algodón celeste
cuando el río se vuelve angosto como un arroyo sorprendido
siento que la sequía puede matar mis mariposas

cuando encuentro una hermosa viuda
con expresión de viuda convaleciente
me vienen ganas de acariciarle la tristeza
pero cuando un vientre se llena de otra vida
me gustaría apoyar la oreja
sobre el borrador de sus latidos

CANSANCIO

Una vez que se filtre este cansancio
que me pesa en los hombros y en los párpados
y yo no me contemple como a un desconocido
quizá pueda medir los suplicios y júbilos
que guardo en mi fichero

la juventud está tan lejos
la infancia tan remota
las pugnas tan perdidas
que no hay que buscar más
porque es inútil

el crepúsculo emigra en la ventana
sin un canto de ave
sin un sorbo de brisa
sin zumbido de abejas
sin salmos de borrachos

todo asume de a poco
un aire de desaire
el corazón dialoga con las sienes
y en algo están de acuerdo / en esperar
que el tiempo pase como un rito
como una ventolera o una noria

el cansancio es un módico intervalo
entre la obscena lumbre del trabajo
y la filosofía del bostezo

en el cansancio están los que meditan
en quién en cómo cuándo dónde
el cansancio es apenas un asueto
después del empalago la desgana y el asco

al cabo de la vida quisiera descansar
en un bosque de paz y sin preguntas
y desde la espesura escuchar en sosiego
el preludio de un réquiem privadísimo

VUELO

Cuando cruzo el océano
metido como siempre en un cajón de vuelo
saco de la memoria cosas mínimas
que quedaron abajo / por ejemplo
el pan de las mañanas / el escándalo
de las bocinas y los pájaros

ah pero también
saco de la memoria cosas máximas
témpanos / cordillera / rascacielos

aquí arriba no existo / no me encuentro
no sé la contraseña de las nubes
las azafatas van y vienen
con sus piernas hermosas y terrestres
pero el cajón de vuelo es muy estrecho
no hay sitio para nada

abajo nos esperan las ciudades de frío
señores que nos miran como a sobrevivientes
pero el cajón con alas una vez en la pista
ya no tiene importancia
ha quedado sin luz y sin prestigio

ODIOS

Ya no nos queda tiempo para el odio
ni para la tirria o el desdén
los odiantes se roen a sí mismos
y mueren de metástasis de odios
es natural que los odiantes
se transformen a veces en odiosos
sin embargo no es aconsejable
odiar a los odiosos ex odiantes
ya que aquel pobre que desciende a odiar
nunca saldrá del pozo de los odios

EL AGUA

La del grifo / la mineral / la tónica
la del río / la dulce / la salada
la del arroyo / la del mar / la regia
la de las cataratas / la del pozo

la de la lluvia / la del aguanieve
la de las fuentes o la del rocío
la del océano / la del aljibe
la del diluvio o la de la cascada

toda el agua del mundo es una abuela
que nos cuenta naufragios y regatas
que nos moja la sed y da permiso
para seguir viviendo otro semestre

ESPERAS

Yo no quise esperarme
mientras vos me esperabas /
si uno se espera huraño
la espera de uno mismo
es un tiempo vacío
un espejo sin nadie
la soledad más sola

yo no quise esperarme
mientras vos me esperabas /
la espera de uno mismo
es un aburrimiento
una noche azogada
sin ventanales pródigos
sin nostalgia del río

yo no quise esperarme
mientras vos me esperabas /
la espera de uno mismo
es una espera en vano
pues si uno comparece
sin pulso ni preguntas
la espera ¿a quién le sirve?

yo no quise esperarme
pero vos me esperaste
anhelante y confiada
sin quemarte en el aire
con la loca paciencia
de los que van y vuelven
y nunca desesperan

No te alegres demasiado

No te alegres demasiado
de todos modos no cedas
alégrate cuando puedas
y si la euforia te avisa
no desperdicies la risa

no te alegres demasiado
no te burles de las flores
no escapes de los amores
con gozo profesional
mira que nada es igual /
si el sueño se vuelve triste
olvida hasta lo que existe

no te alegres demasiado
mira que el mundo es farsante
se mofa del exultante
y sufre con el dichoso /
el abismo es contagioso /
si te llaman del pasado
no te alegres demasiado

ANTICIPO

La vejez cimbronazo inesperado
la recibimos con desidia joven
con dolorcitos casi anónimos
y un optimismo absurdo
que los análisis desmienten

la vejez tiene cómplices que no reconocemos
sus crepitaciones nos parecen latidos
las jaquecas son avisos de un ángel
y las rodillas oxidadas
un simbolismo a desechar

la vejez viene gratis / con meras prohibiciones
con cierta indiferencia por las flores
y la dulzura de los adioses buenos
esos que nos hacían mirar las golondrinas

la vejez qué milagro de lujo y esperpento
qué bambolla del descanso abrigado
anticipo virtual de esa aventura
que algunos dicen que es el fin

Sobre la risa

Hace tiempo que no tengo ganas de reír
y es una lástima porque la risa siempre incluye
una viruta de revolución
sobre todo cuando viene del sur
y propone fuegos y tramoyas
que los niños intercambian como figuritas

la risa amanece como bostezo prematuro
y todo porque en el sueño anduvo una alegría
desnorteada pequeña y pasajera
debajo de la sábana blanquísima

qué risa cuando uno se despierta
y la madrugada está dormida

no importa / la risa llegará
más acá o más allá de la frontera
llegará como el viento con su vela
como gorriones insignificantes
como alabanzas sin motivo
o como amores no correspondidos

después de todo cualquier júbilo
es una maravilla / a no perderlo
en las claudicaciones
ni en el celaje ni en la suspicacia /
el gozo es una forma de belleza
que se apaga en las franjas del crepúsculo

TAMPOCO

Nadie lo sabe
nadie

ni el río
ni la calle
ni el tiempo

ni el espía
ni el poder
ni el mendigo

ni el juez
ni el labriego
ni el papa

nadie lo sabe
nadie

yo tampoco

BUENOS MUCHACHOS

Ahora que galileo y giordano bruno
han sido redimidos por el humor del papa
también es de esperar que resuciten
y nos cuenten qué tal es eso
de pasar tanto tiempo en la nada
mientras el cosmos mata y se divierte

ahora que el papa nos ha convencido
de que galileo y giordano bruno
eran buenos muchachos / convendría
sacudir con fuerza la inquisición
para ver cuántos santos incluye
todavía a estas fechas

entre las conclusiones a sacar
de este estupor reciente
que invade los insomnios
estimo que lo mejor es ser ateo
pero no de engañapichanga
sino más bien ateo protocolario
ateo confesional
con vistas a que un papa
del dos mil setenta

autorizado eso sí por nostradamus
se anime a decretar en un acto de fe
o en una fe de erratas
que también nosotros
somos buenos muchachos

PIANO

Cuando hace cinco años
se hundió aquel barco tan seguro
con cincuenta pasajeros y un piano steinway
los cincuenta se ahogaron sin remedio
pero el piano en cambio logró sobrevivir

a los tiburones no les gustan las teclas
así que el steinway esperó tranquilo

ahora cuando pasan
siempre que sea de noche
barcos de turismo o de cabotaje
suele haber pasajeros de fino oído
que si el eterno mar está sereno
o mejor serenísimo
perciben atenuados
y sin embargo nítidos
acordes de brahms o de mussorsky
de albeniz o chopin

y luego un golpecito
al cerrarse la tapa

AMORES PENITENTES

Los sacerdotes no acostumbran
a enamorarse de las modelos
ni de las nadadoras con ombligo

a los sacerdotes les gusta más
enamorarse de las monjas
en homenaje / dicen / a la virgen maría

ah pero las monjas
cuando se enamoran de un sacerdote
no piensan en ningún homenaje
sino en el sacerdote propiamente dicho

los sacerdotes y las monjas
cuando se enamoran
adquieren el hábito de leer a dúo
el fervoroso
  penitente
  entretenido
cantar de los cantares

PERTENENCIAS

Todo eso que sos te pertenece /
aunque a veces te juzgues desvalido
tan tuyo como tu habla es tu silencio
tuya es tu identidad a media asta
y tus tímidas huellas en el barro /
te pertenece el río que soñaste
y el otro río / allí donde se mojan
tu amor tu desespero tu confianza

tu propiedad bajo el azul es única
y es única tal vez porque no existe
tu libertad es exterior a vos
tuya será sólo si la capturas
y la dejas ser libre en cautiverio
o en tu pasión de ser o en tu agonía /
la libertad no vale en condominio
es una loca suelta / si está suelta /
cómoda de nombrar / difícil siempre
cuando se surte de alucinaciones

todo eso que sos te pertenece
tu corazón y sus revelaciones

tu caja de mentiras en reposo
tu dolor y el dolor de tu paciencia

lo innombrable también puede ser tuyo
sobre todo si alguna vez lo nombras

IRSE

Cada vez que te vayas de vos misma
no olvides que te espero
en tres o cuatro puntos cardinales

siempre habrá un sitio dondequiera
con un montón de bienvenidas
todas te reconocen desde lejos
y aprontan una fiesta tan discreta
sin cantos sin fulgor sin tamboriles
que sólo vos sabrás que es para vos

cada vez que te vayas de vos misma
procurá que tu vida no se rompa
y tu otro vos no sufra el abandono /
y por favor no olvides que te espero
con este corazón recién comprado
en la feria mejor de los domingos

cada vez que te vayas de vos misma
no destruyas la vía de regreso
volver es una forma de encontrarse
y así verás que allí también te espero

No olvidar

Yo no quiero olvidar
ni las heces del norte
ni las mieles del sur

yo no quiero olvidar
ni el jilguero de infancia
ni el odio a martillazos

yo no quiero olvidar
ni la luna de abril
ni el árbol del destierro

yo no quiero olvidar
tu alerta de ojos verdes
ni mi exilio sin tacto

yo no quiero olvidar
las curvas del futuro
ni el mar con sus salmones

y no quiero olvidarlos
porque la vida es una
y olvidada no sirve
para nada

El futuro

Te llaman porvenir
porque no vienes nunca.

Ángel González

El futuro es un campo
de batalla / de honor o de trigales
que está quieto o que viene timorato /
una vez será julio de nevadas
otra vez será enero de canículas

es un abrazo cándido el futuro
o un estrujón malévolo que asfixia
el porvenir viene con sus amores
arma un proyecto para el corazón

porvenir que estaría por venir
porvenir que no viene / que se queda /
que también arma un desencanto
y está lleno de rostros que no he visto
de labios no besados
de sexo no encendido
de ilusiones metidas en su túnel

el futuro será / qué duda cabe /
una puerta / la única
que no sabe cerrarse

más allá de su umbral están los fuertes
con su delegación de miserables
y algunos que otros débiles
que medran con el llanto y las fatigas

el porvenir es fruto de una apuesta
a hacer con el destino tentempié
sé que entraré infeliz o candoroso
recibiendo promesas y amenazas
que quedarán flotando en el espacio

yo mismo seré un gajo de futuro
y ya estoy añorando este presente

Arpa hechicera

Ignoro cuántas cuerdas tiene el arpa
ni me pondré a contarlas ¿para qué?
de tan colmado su sonido es joven
de tan antiguo es eco del descanso

el arpa vibra / así se compenetra
con las sorpresas y los remolinos
por unanimidad sus notas limpian
las remotas liturgias y los llantos

la tristeza del arpa es siempre alegre
por eso es que se siente libre y fábula
sus sobresaltos son como campanas
y sus campanas pasan como vértigos

el arpa es la hechicera del teatro
sus escalas despiertan los silencios
las manos de la arpista nos seducen
y quedamos allí como cautivos

SILVESTRE

Me iré silvestre por el pasadito
estoy incólume en el presentario
me iré descalzo por el futurible

el tiempo es casi el mismo pero nunca
es igual al de todos los que pasan
agridulces tristones discontinuos

mejor es inventarse de a poquito
con las brumas el cierzo la intemperie
hasta que al fin el cuerpo se descubre

obedece en los hombros y antebrazos
en los cartílagos y en el ombligo
en el flaco pernil y en los testículos

voy tan silvestre incólume y descalzo
porque algún día habrá que regresar
y no quiero morirme como un niño

POBRE MI ALMA

Algún día te mostraré mi alma
te mostraré mi alma alguna noche
ella patrulla toda la jornada
clavando penas en su maderamen
temblando en cada desembocadura
dejando algún adiós para el jilguero
y haciéndole preguntas a la tierra

alma que sabés todo o casi todo
con los años te vas volviendo joven
volás por los amores y los sueños
no hay alucinación que te detenga
cuando estás ciega generás visiones
te queda el tacto para la caricia
y un bálsamo de gracia en el olfato

alma que conocés mis arrabales
mi viejo abril / mi patria madrugada
vos me enseñaste a caminar descalzo
por las praderas del horror y el goce
a pavonear humilde ante los solos
sin animarme a clausurar su miedo

alma de mis insomnios / pobre alma
ya no puede salir de su tristeza
le arrimo sentimientos jubilosos
esos que ya no angustian ni estremecen
pero ella ya no es alma / es una almita
que yo abrazo en invierno / junto al fuego

LA ALEGRÍA

La gracia vive a corazón abierto
la caricia del mundo / ese descanso /
los sentimientos le consiguen víveres
de parte de otro corazón colega

copos de espuma suelta la alegría
en tributo a la luna abandonada /
cuando abre sus filiales de socorro
el cuerpo se sacude lentamente
de la calvicie hasta las pantorrillas
con escalas en todas las bisagras

por suerte le quita años a la próstata
a la miopía le regala auroras
su nervio se hace fuerte en los agüeros
y sus latidos son la garantía

lástima que el futuro nos abrevie
una alegría tan escurridiza /
nos pasamos más de una temporada
esperando sus flautas sus guitarras /
sólo nos damos cuenta de su ausencia
cuando hallamos en nuestro pobre insomnio
el grave testamento de sus lágrimas

A ELLOS

Se me han ido muriendo los amigos
se me han ido cayendo del abrazo
me he quedado sin ellos en el día
pero vuelven en uno que otro sueño

es una nueva forma de estar solo
de preguntar sin nadie que responda
queda el recurso de tomar un trago
sin apelar al brindis de los pobres

iré archivando cuerdos y recuerdos
si es posible en desorden alfabético
en aquel rostro evocaré su temple
en este otro el ancla de unos ojos

sobrevive el amor y por fortuna
a esa tentación no se la llevan
yo por las dudas toco la mismísima
madera / esa que dicen que nos salva

pero se van fugando los amigos
los buenos / los no tanto / los cabales
me he quedado con las manos vacías
esperando que alguien me convoque

sin embargo todos y cada uno
me han dejado un legado un regalito
un consuelo / un sermón / una chacota
un reproche en capítulos / un premio

si pudiera saber dónde se ríen
donde lloran o cantan o hacen niebla
les haría llegar mis añoranzas
y una fuente con uvas y estos versos

ALGO MÁGICO

Preciso que me digan algo mágico
o al menos placentero / inesperado /
novedades pero de cielo abierto
con ojos de muchacha que promete
o un zorzal de revuelo generoso
o la estrella fugaz que anda en la noche

cuéntenme por favor de aquella aurora
que nació tan azul en los tejados /
de aquel otoño casi primavera
y las flores nacidas entre ruinas /
del coro de borrachos en la barra
y ciertas mariposas que madrugan

cuéntenme del guardián que se dormía
en tiempo de joviales estupores /
de los barítonos que carraspean
y las limpias campanas del domingo /
en fin detalles sin mayor relieve
que me devuelvan franjas de alegría

ALLÁ MONTEVIDEO

Allá montevideo
solo o sin mí / que viene a ser lo mismo
recuerdo un viejo mástil sin bandera
cielos y uno que otro rascacielos
una última calle de adoquines
que duelen en mis pies pero me llevan
al falso mar / al lindo puertecito
que se olvidó otra vez del horizonte

reconozco los rostros de las casas
los niños en los cándidos zaguanes
el aire de provincia sin provincia
el viento que despeina los recelos
la gente sin apuros / rezagados
que esconden su miseria en la mochila
y los otros / los dueños de mercedes
que ostentan su poder y no poder

allá montevideo / todavía
sin caos / la pobreza pone orden /
con tangos contagiosos y urbanistas
una ciudad para quererla siempre
pese a ministros guardias descuide.

y prescindentes / viceprescindentes
ciudad de arenas / túnel de alegrías
sola o sin mí que viene a ser lo mismo

Patio de este mundo

Me pertenece un patio de este mundo
sin claraboya y además sin toldo
allí he podido meditar distinto
y juntar las virutas de mis siestas

un patio de este mundo descielado
donde nadie me hostiga y yo no hostigo /
eso que se reparte en las baldosas
son pedacitos de cavilaciones

también hay pensamientos repujados
con pena con fervor con desaliño
es una soledad desguarnecida
con soles y cenizas de otro tiempo

un patio de este mundo / salpicado
por súplicas por órdenes por hurras
aguardo quietecito como un búho
que monta sus agüeros de la noche

me pertenece un patio de este mundo
donde en otoño me ha temblado el alma
ignoro si de dudas o de frío
de dulzuras antiguas o de miedo

un patio de este mundo / yo en el aire
contabilizo nubes y palomas /
es un espacio lleno de destinos
pero al final no sé que haré con ellos

entre cuatro paredes y no obstante
me siento libre / dueño de mis huesos
con mis prójimos lejos pero cerca /
patio de siempre / patio de este mundo

FILATELIA

Yo colecciono jarras de cerveza
sin cerveza –por el ácido úrico–
naturalezas muertas que parecen
naturalezas vivas / violonchelos
o mejor su sonido inolvidable /
rendijas que dialogan con los vientos
paisajes de agua desde mi ventana
papeletas y fábulas científicas
canciones sosegadas y rompientes
fotos de niños que se convirtieron
en punteros izquierdos o ministros /
bocinas de forchelas anacrónicas
irreverencias como bendiciones
grietas en el porrón de la sintaxis
nostalgias en desorden alfabético
sonetos con su rabo de estrambote /
de esto se trata pero sobre todo
yo colecciono jarras de cerveza
sin cerveza –por el ácido úrico–

UN BUFÓN Y UN ÁNGEL

Todos llevamos un bufón y un ángel
un santo y un verdugo
un borracho y un sabio

todos tenemos un adiós llorado
un álamo nervioso
dos o tres bienvenidas

todos miramos a través del sueño
de cristales con vaho
o de amores de otoño

el cierzo nos despeina en un instante
si es que aún conservamos
un fiordo de calvicie

estamos a merced de las mercedes
de las palabras dichas
y las no pronunciadas

hay una suerte que nos viene hecha
y otra que desplegamos
con un poco de suerte

cuando nos inventamos en la noche
quedamos tan espléndidos
que no nos reconocen

WINDOWS 98

Antes del *fax* del *modem* y el *e-mail*
la vergüenza era sólo artesanal
la mecha se encendía con un fósforo
y uno escribía cartas como bulas

antes los besos iban a tu boca
hoy obedecen a una tecla *send*
mi corazón se acurruca en su *software*
y el *mouse* sale a buscar el disparate

cuando me enamoraba de una venus
mis sentimientos no eran informáticos
pero ahora debo pedir permiso
hasta para escribir con el *news gothic*

te urjo amor que cambies de formato
prefiero recibirte en *times new roman*
as nada es comparable a aquel desnudo
a tu signo en tiempos de la *remington*

SOCORRO

Entre tantas figuras figurantes
que huelen a abundancia y despedidas
poco van a importarme las heridas
de ahora y mucho menos las de antes

el dolor no resuelve interrogantes
y se esconde en sus clásicas guaridas
viene con la misión de los suicidas
y el embuste frugal de los amantes

aunque esté un poco hastiado de mi hastío
y no quiera colmarme de rencores
no es mucha la tristeza que me ahorro

ya lo tengo resuelto / a pesar mío
y al margen de mi lastre de rubores
por una vez voy a pedir socorro

CHILDREN

En el mundo no abundan los que matan
con tanta puntería y odio inútil
con tanto automatismo y desapego
como los niños norteamericanos
tribu de ángeles que prolifera
en la basura de la democracia

niños que ya son viejos de tan viles
gozan en su taller de sangre usada
ya no saben llorar ni andar descalzos
su corazón candente los empuja
a matar a matar como los grandes
pero ignorando siempre por qué matan

los pájaros a veces les preguntan
por qué razón acaban con los niños
y entonces no vacilan / matan pájaros /
las estrellas también se lo preguntan
y no vacilan / les apuntan
y arden demasiado lejos

DE CORAZÓN O DE CORAZONADA

El poema ha olvidado ya si era
de corazón o de corazonada
cuando nació en aquella temporada
en que la inspiración era viajera

un poema también es la tijera
que corta por lo sano en la jornada
y conoce pulgada por pulgada
las triquiñuelas de la primavera

habrá que recalar en la utopía
que pese a todo existe todavía
pero este tiempo es tan contradictorio

que el poema renace en cada prueba
y antes de hacer borrón y cuenta nueva
se queda a patrullar el territorio

De mal gusto

Pocos quieren morir
                    ni tan siquiera
los que moldearon músculos de acero
o los del torbellino del mal gusto
o los del laberinto del recelo

todos quieren llorar lo que les queda
y disfrutar la ráfaga penúltima

por eso hemos reservado un sitio
en la vereda de los malos pasos
y si aprendemos a decir adiós
es porque la liturgia nos instruye

morir es de mal gusto
                    nadie elige
finales exquisitos placenteros

LIMOSNA

Por favor señora fíjese en esta mano
no habla y sin embargo está pidiendo
no monedas de azar sino delirios
vale decir limosnas con gracia y con paisaje
gotitas transparentes como lágrimas
verdades reveladas a la sed de curiosos
pajaritos que bajan de un pino octogenario
tugurios para besos sin pudor y a escondidas
omisiones de infancia o de vejeces
señora por favor déme su orgullo
lo guardaré en mis ínfulas de pobre

CARTAS NO ESCRITAS

Las cartas no escritas son las más tiernas
las más convincentes las más vivas
son así porque la vergüenza
se queda en su frasquito
y no sale a sembrar el desconcierto

las cartas no escritas son las más veraces
tan piadosas son y tan arrepentidas
que pueden convertirse en sollozos de luna

las cartas no escritas son las más lacónicas
tan desguarnecidas y tan modestas
que van dejando párrafos en las arterias
puntos y comas en la garganta
paréntesis de escándalo en los tímpanos

las cartas no escritas si algún día se escriben
se adornan con palabritas y palabrotas
apelan a ardides en plena sintaxis
y dicen lo que dicen sin decirlo

ESTATUA

Detrás de cada estatua hay un ser vivo
compañero de armas o de ramas
existe sin embargo una ley bruja
y es que antes de ser mármol / piedra / bronce
hay que estar muerto sin lugar a dudas /
es duro ser estatua del vacío
y que pasen camiones / autobuses
motocicletas y ferrocarriles
y nadie se moleste en preguntar
quién será ese fulano tan antiguo

alguna vez llega una golondrina
con sus dos cagaditas de rigor
o dos gorriones húmedos de niebla
que picotean las orejas sólidas
de ese señor que no les da migajas /
la pobre estatua colecciona lluvias
pero escasísimas curiosidades
no tiene ensueños ni melancolías
y como no hay silencios que la evoquen
con tanto olvido se ha quedado inmóvil

LA GLORIA

La gloria siempre incluye a pesar suyo
algún trocito de fracaso inmóvil
y si no recordemos a bolívar
a napoleón a kafka a galileo
a roque dalton o a oscar wilde
y también a mi tía a mi maestra
a mi padrino y a mi diputado
la gloria es a menudo tan incómoda
como la juventud o el viento norte
siempre carga con sobrantes de culpa
que suelen molestar como una noria
la gloria es un achaque tan sencillo
que no mejora con los monumentos
y si llega al mojón de la desgloria
allí estarán la lápida y el ramo

ESTAS Y OTRAS GUERRAS

Si me dieran a elegir, yo elegiría
esta inocencia de no ser un inocente,
esta pureza en que ando por impuro.

JUAN GELMAN

EL MIEDO DE LOS HÉROES

El miedo de los héroes
surge promedialmente
de un rencor olvidado

el miedo de los héroes
no es como el de los ángeles
que entre pétalo y pétalo
sólo temen a dios

el miedo de los héroes
es menos contagioso
que el coraje burlón
de los cobardes

tiene algo de quimera
de máscara fugaz
de culpas archivadas

el miedo de los héroes
es miedo pero de héroes
por eso corre el riesgo
de que su corazón
acabe malherido

¿POR QUÉ SERÁ?

¿Por qué será que uno fabrica sus recuerdos
y luego los olvida?
¿por qué será que uno procede de algún dios
para volverse ateo?
¿por qué será que la luna tiene
una barriga blanca?
¿por qué será que cuando abro el ropero
las mangas me saludan?
¿y que tu boca dice ternuras
tan sólo cuando calla?
¿por qué será que un cuerpo virgen
tiene pezones de burdel?
¿por qué será que si decido
morir nadie me cree?
¿por qué será que los pájaros cantan
después de los entierros memoriales?
¿por qué será que si beso tu beso
me siento renovado?
¿por qué será que me haces tanta falta?

LA SANGRE DERRAMADA

Cuando la herida viene de muy lejos
la sangre derramada no se seca
lleva en sí misma una tristeza opaca
y nunca se podrá lavar del todo

la sangre derramada tiene historia
de siervos que murieron bajo el sol
lleva en sí misma un corazón insomne
que late a veces y otras veces no

la sangre derramada es un lenguaje
que ya no se conforma con palabras
lleva en sí misma un apretón de adioses
y una canción por todos olvidada

Huesos

Toda la tarde estuve
pensando en mi esqueleto
y no me pude imaginar sin él
¿a vos qué te parece?

uno conoce la importancia
de las manos / del hígado / del páncreas
del sexo / del gañote / del ojo aunque sea tuerto
pero el esqueleto es una cosa pétrea indiferente
que no transmite sentimientos
no llora no se ríe

pero cuando la parca esa bendita
nos tritura las carnes y los músculos /
el riñón / las encías / las mucosas /
el esqueleto es lo que queda
tramo final de nuestro sino

y al fin / entre coronas
de flores / comprendemos /
la vida es puro hueso
y duro de roer
¿a vos qué te parece?

CAMPANA

Si en la vejez repica la campana
¿por qué razón voy a cambiar de traje
ni de casa adecuada
ni de menú sabido
si ya no crezco hacia las novedades
y el orgullo me mira con tristeza?

la campana disfruta sus alertas
y yo cierro los ojos por las dudas
cuando los abra a tono con mi vela
el día encanecido
tendrá un tinte nocturno
y sorpresivamente
será un mundo de nietos
ya maduros / crecidos / algo miopes

la campana dialoga con cigüeñas
que tampoco quieren cambiar de nido
ni de plumaje antiguo ni de rama

nadie quiere olvidar pero se olvida
la memoria es un cántaro prolijo
donde se guardan los mejores fósiles

si en la vejez repica la campana
vendremos a ofrecerle los adioses
que hemos juntado aquí y en el exilio

SOLEDADES

La soledad no es una gayola
es tan sólo un cultivo
una emancipación
un duro aprendizaje

la soledad no es una clausura
es un espacio libre
un césped sin historia
un crepúsculo púrpura

la soledad no es un calabozo
es una absolución
una soberanía
un·ramo de preguntas

tampoco es cofre de seguridad
es una vacación
un regocijo afluente
un llanto tributario

después de todo es verosímil
la soledad es un amparo

casi un ritual consigo mismo
para entregar la devoción
al amor de otras soledades

Innumerables otros

Viven en nosotros innumerables otros.

Fernando Pessoa

Naturalmente / están en mí
con ojos manos labios
alientos y reproches
dudas afiladísimas

como hasta ahora no murió ninguno
hablan por mi boca
miran por mis ojos
dicen que yo dije
y yo no dije nada
mienten / eso es todo

innumerables / los hay tiernos
pero les cuesta amar
son demasiados como para
compartir un sentimiento

están en todas partes
en mi garganta en mis oídos
en mis rodillas en mi páncreas
y por si eso fuera poco
se organizan en coros
que me ensordecen

se burlan de mi voz y de mi tos / de mi disnea
y si en la noche escupo
algún innumerable
los otros me repudian
y hacen huelga
o se retiran ofendidos

eso me viene bien /
sin esa multitud de inoportunos
regreso a ser yo mismo
solitario y poquito

De la derrota

Aquellos que vienen de la derrota
guardan en el fondo cierta ufanía
tal vez porque serenamente escogen
ser derrotados antes que corruptos

los sobornos arañan la conciencia
como testigo el cielo encapotado
en tanto que la lengua juega sucio
y hace promesas que son espejismos

aquellos que vienen de la derrota
con ojos apenados y sedientos
saben cómo espantar los menosprecios
y los anuncios y los ecos falsos

la derrota suele ser de madera
noble como las viejas salvaciones
nos sentimos como un recién nacido
a la limpieza de la vida triste

CLANDESTINA

Cono Sur, años setenta

Me gustaba me gusta la vida clandestina
pese a las amenazas que convoca
y a las responsabilidades que se abren
y suelen estar listas
las veinticuatro horas

después de todo es lindo
inventar contraseñas
en la misma nariz del enemigo
y en la conciencia de que cada sílaba
viene de un escondrijo

la vida clandestina tiene el hábito
de deslizarse entre canallas
y antes de llagar al campamento
de las buenas conjuras
se despereza en el epílogo
de una jornada en cifra

por supuesto la vida clandestina
se entiende con las olas y las garzas
pero si se refugia en la modorra
deja como custodio su ojo tuerto

que reconoce culpas e inocencias
y la política y su aplauso estéril
ah vida clandestina qué presagios
construyes en tu horóscopo de amor

buscas los ojos verdes como señas
como permisos como arranques /
en tu feudo no existe la vergüenza
tu disimulo cubre cualquier ruido
clandestino o legal / qué maravilla

BASURA

En la basura crónica agonizan
las maravillas que ya caducaron
los desconciertos de la vieja infancia
los quejidos del viento inconsolable
lo más intrascendente de lo sabio
los desperdicios que se amontonaron
en representación de la miseria

en la basura crujen se humedecen
cartas de amor perdido o encontrado
facturas de dolor / pasado ardido
pañuelos rotulados por la sangre
sobrantes de mendigo y otras sobras
la hez contemporánea / digamos
la bazofia honorable de esta tierra

ECOS

Va despertando el eco
el eco mío
el de mi voz gastada
y sin embargo no lo reconozco

trae una red extraña
de palabras que suenan
como de otros
y tal vez son mías
y la despliega lentamente
ante mí que soy otro
pero que no me encuentro
en ese mar de ecos

el viejo mundo gira y se lo lleva
se lleva el eco que era mío
y va buscando la voz madre
de la que nace cualquier eco

el eco lleva siglos
vagando por la historia
pero mi eco propio
personal

exclusivo
ya no está entero / incluye
súplicas y mandatos
pedacitos de sueños
sombras adolescentes /

el eco de antes viene
repartido en equitos

el eco mío
el de mi voz gastada
se introduce temblando
entre las piedras
y en las piedras por fin
me reconoce
y me presta su voz
la que era mía

EL MUNDO QUE RESPIRO

1

El mundo que respiro
huele a basura fértil
a memoria de incienso
a nafta y a macdonald

el aire llega mustio
sin nadie que lo sople
sin ingenios en flor
ni ráfagas de tango

o ni siquiera llega
entonces respiramos
la bocanada oscura
del tiempo transcurrido

por sus lentas razones
por su falsa alegría
el mundo que respiro
es ceniciento y lánguido

2

El mundo que respiro
es de nadie / es de todos
me ahoga o me libera
me exige / me conmina
me agobia con noticias
con odios / con ternura

el mundo que respiro
trae provocaciones
indultos y milagros
me llena los pulmones
de ráfagas que ignoro
pero nunca es el mismo

el mundo que respiro
tiene quejas de mártires
mensajes de suicidas
explosiones de júbilo
y no obstante no obstante
vivo porque respiro

ESTAS Y OTRAS GUERRAS

Las guerras viejas / las de puño y letra
eran sufridas para sufrir menos
llevaban el registro de sus náufragos
sabían del candor de las trincheras
se daban ánimo en las papalinas
y destruían / sólo destruían
para negar el quinto mandamiento

que yo sepa no hay guerras por amor
las guerras salen de su pozo antiguo
y las jaurías del terror la siguen
proponen himnos / pero sobre todo
misiles / repertorio de desastres
izan banderas / pero sobre todo
catálogos de pánico y de sangre

las guerras nuevas no tienen semblante
salvo el rostro sutil de las finanzas
su corazón sabe contar obuses
como quien cuenta ratas o gallinas
juegan en su garito con el hambre
rasuran la amazonia y la esperanza
y nos dejan sin tímpanos sin ojos

un día llegará en que las guerras
no tendrán ni un cristiano a quien matar
la soledad del mundo / ese bochorno
se expresará en un solo aburrimiento
los mansos pizarrones de wall street
quedarán fijos en un cambio inútil
y nadie habrá para joder a nadie

SANGRA LA BELLEZA

Crimen globalizado / universal /
el pan nuestro de cada día o noche /
la realidad estable no es ahora
el resumen virtual de la belleza
más bien son las miradas esqueléticas
de niños negros con dientes blanquísimos

es una escala de padecimientos
con el manjar del agua tan remoto
la tierra seca en tajos de nostalgia
y el desamparo de cualquier color
que dice alarma en todas las pantallas
para solaz de los indiferentes

la globalización de los hambrientos
es el aperitivo de los amos /
los crímenes comunes de la víspera
son cadáveres nuevos en la bolsa
en las pólizas bonos y mercados
la belleza ahora sangra / se hace coágulos

DESDE EL ORIGEN

Desde el origen somos indefensos /
si alguien nos hace añicos la esperanza
o nos da una ternura envenenada
es porque somos lo que somos / hombres
encallados de nuevo en la vergüenza
sin un pánico real que nos proteja

somos los inquilinos de una duda
que tiene puertas y ventanas locas
nos dicen *nunca* como *buenas noches* /
desde la infancia somos desvalidos
y lo seremos hasta la agonía /
nunca nos enseñaron otra clave

que al menos venga un perro a defendernos
un perro hermano / un fiel sin requisitos
cuando nos lame / frágil de tristeza
sabe quién somos / quiénes no seremos
llegaremos con él / enteros / puros
hasta el fin de la suerte y del camino

EL MAR ESE EVANGELIO

El mar / ese evangelio donde dicen
que jesús caminó con desparpajo
esa alfaguara de los invasores
esa fontana de los pusilánimes
sabe mucho muchísimo de náufragos

el mar lleva en la cresta de sus olas
destellos esotéricos del faro
una copia virtual del universo
que acabará dejando en otra orilla /
el frágil recadero de la historia
se transforma en gigante sordo y mudo

si está desaforado llega y huye
por algo es la ocasión de los suicidas /
si está manso y benigno / languidece
con los corales y los pescadores
el mar empieza en mi balcón de rocas
y acaba en la mitad del horizonte

CASILLERO

Mi memoria la tengo dividida
en diez compartimientos y un subsuelo
casilla uno / aquel confesionario
casilla dos / la ubre maternal
casilla tres / paisaje bajo ráfagas
casilla cuatro / el beso del estreno
casilla cinco / estrella que no cesa
casilla seis / la cama con un cuerpo
casilla siete / un fardo de perdones
casilla ocho / un llanto congelado
casilla nueve / el whisky del coraje
casilla diez / desahogo in extremis
ah ¿y el subsuelo? al lumbago maldito
no le ha gustado nunca
que me meta en honduras

DESMORIRSE

Cuando muera quisiera desmorirme
tan sólo por un rato para ver
como el mundo se lleva con mi ausencia

a los que lloren les daré un pañuelo
a los que rían un bol de ceniza
indiferencia a los indiferentes

cuando muera quisiera desmorirme
y visitar de nuevo a mis compinches
a los sobrevivientes por supuesto

y preguntarles las poquitas cosas
que se fueron quedando en el tintero
o que neutralizó el silencio turbio

Uno que otro dilema

Cada vez que me enfrento a los espejos
nunca sé si ese rostro es mi fachada
y si me encuentro allí con mi mirada
me evado de unos ojos tan perplejos

mientras logran los niños y los viejos
disfrutar el sabor de la jornada
a mí me queda alguna temporada
para sentirme audaz pero de lejos

el presente virtual es una hoguera
el pasado está aún en su penumbra
y el futuro amenaza dondequiera

volvemos a sentirnos peregrinos
acaso porque nadie se acostumbra
a vivir como quieren los mezquinos

STAZIONE TERMINI

La viejísima edad nos aturulla
nos agobia con penas de la tierra
nos recuerda todo lo que quisimos
y lo que nos dejaron de querer

por el filtro pasan los alguaciles
las toninas allá en el horizonte
las águilas se lanzan en picada
todo envejece menos la tristeza
que sigue joven con su llanto flaco

los deseos están en los huesitos
el corazón late como un martillo
las piernas no se bastan / la paciencia
no puede más allá de lo que puede
para qué acostumbrarse a los adioses
si hay un único adiós que está a la espera

los días vejestorios son tan breves
como los haikus del buen matsuo bashoo
por eso acaba cuando se está abriendo
la ventana del alba silenciosa

la viejísima edad nos aturulla
ya no hacemos preguntas sobre el sur
no releemos a proust ni a baudelaire
ni a vallejo ni a rulfo ni a machado
y si chocamos con la lejanía
allí nos cuelgan la última etiqueta
o sea el epitafio de los mansos

EL ABANDONO

Cuando el amor se suelta en abandono
o el abandono nos oprime y clama
es porque transcurrimos en el borde
de la melancolía o del deseo

la vida es más sencilla que una ronda
y sin embargo duele y sin embargo
independientemente de otros trances
se engaña y nos engaña sin pudor

y si el pudor está en los que se fueron
los desaparecidos en inquinas
en bloques de cemento o en el mar
nadie va a asimilar tanta desdicha

si el abandono invade una memoria
que se niega a lidiar en el vacío
dejemos por una vez que el alma
pida socorro como en otros tiempos

PIERNAS

Qué ágiles mis piernas / las de entonces
las que bailaban la milonga pura
y corrían los ochocientos llanos

en cambio las actuales
no resisten tres plantas de escaleras
siempre andan a la busca de ascensores
que las rodillas y otras
bisagras agradecen

así y todo las piernas sirven para
conducirme hasta vos
y por lo menos eso es un servicio
que los pulmones recompensan
y el corazón alumbra

el bastón no me gusta / me parece
un escrúpulo falso / una flaqueza
casi una confesión de rezagado
un argumento para que las tibias
se dispongan a darse por vencidas

trataré por supuesto que estas piernas
me sirvan como medio de transporte
para llevarme desde el más acá
hasta los pórticos del más allá

Muchedumbre no es pueblo / es multitud
yo-tú-él-ella somos singulares
o sea pedacitos de plural

desde lejos a veces nos confunden
pero en la cercanía / cara a cara
yo-tú-él-ella somos cada uno
el animal que nos cayera en suerte

el plural nos acoge como a hijos
pero la muchedumbre nos aplasta
yo-tú-él-ella somos singulares
algo de todos en plural angosto

en los vaivenes nos reconocemos
como espejo de otro / el empañado

MAR INSÍPIDO

El mar de tan insípido es inmenso
no tiene corazón ni abrecaminos
cual saliva de dios inexplicable
viene y se va sin entregarnos nada

el mar opaco o transparente crece
o decrece en el lecho de su hondura
señor de los naufragios deja cuerpos
en las islas que esperan su legado

a sus olas sin sol no las conmueve
ni la sirena fiel de copenhague
el mar no es un puñal / son mil puñales
que acaban con los viejos pescadores

no sabe perdonar / su ley de siempre
es que el pez grande ha de comerse al chico
nosotros pasaremos pero el mar
quedará como sábana y testigo

MALARTE POÉTICA

Puede nacer de un río
de una luna gastada
de una desesperanza
de un crimen por sospecha
de un sollozo lejano
de no morir el cielo

un poema salvaje
llama a la llama y huye
nos deja su relámpago
escondido en el piano
la bienaventuranza
heridas entre las sienes

un poema suplente
no sabe de estas copas
ni de estas ascuas ni
del verdadero vino
ése que nos da sílabas
y metáforas mudas

un poema de mísero
se sueña exuberante

se arrima a los claveles
y a veces sin embargo
su palabra avenida
es sólo un caminito

pero el poema crudo
candoroso palpable
el premio inesperado
nace en las pulsaciones
llama a la llama y arde
despreocupadamente

No sé nada

No sé nada / no cultivo vergeles
del arrepentimiento para darte
un nomeolvides que hemos olvidado
cada uno conoce su efemérides
sus ganas y desganas / su esqueleto

el torbellino de las avenidas
no le devuelve a nadie sus esperas
la luna esmerilada es diferente
de la luna borracha de otros tiempos
hay lamidos del mar / ese mezquino

no sé nada / la última liturgia
sólo me reforzó la suspicacia
tengo socorros tibios en la oreja
y sé de inconfesables que presumen
como los mandatarios del carajo

Octogésimo

A los ochenta años uno empieza
a olvidar las ausencias / los vacíos /
los orificios de la duda
los nombres de las calles
el motivo irreal de las nostalgias
las lagunas del tiempo pordiosero

después de todo hay que aceptar
que esa desolación ya no hace daño
más bien ayuda sin quererlo
a que la talla espiritual se pula
y hasta la soledad se vuelva amena

a los ochenta ya no es necesaria
la respuesta humillante del espejo
uno ya sabe la orografía de las arrugas
la mirada sin fe de los insomnios
el fiordo inaugural de la calvicie

el futuro se ha vuelto milimétrico
no conviven en él dulces sospechas
las expectativas son flaquísimas
y uno se va habituando a una quimera
tan breve como inmóvil

a los ochenta las paredes miran
y a veces hablan y aseguran
que todavía no van a derrumbarse
pero uno por si acaso sale a la intemperie
y encuentra que es un refugio acogedor

CIERRE

Es el final de un libro como todos
último río arriba o bien penúltimo
aquí dejo creíbles lontananzas
que todavía usan mi paisaje
dejo hogueritas con ceniza azul
y también rostros mal y bien dormidos
probablemente dejo poco o nada
como en una parodia de historieta

en un poema uno da su vida
y asimismo un poquito de su muerte
el sentimiento pasa / deja huellas
y no para los otros malvenidos
sino para uno mismo / es necesario
saber qué alrededores y senderos
nos pertenecen o pertenecieron
ya no importa que el verso sea pobre
con heridas terrestres o piadosas
ni que nos pongan odios diminutos
debajo de la almohada sorprendida

es el final de un libro que se hizo
con ansiedades a tristeza abierta

y con convalecientes utopías
dilemas entre el frío y la humildad
y el nacimiento de los entusiasmos
tal vez con la alegría inesperada
que apareció en el filo del amor

si bien se mira es / después de todo /
sólo una crónica de franjas mínimas
que en su momento fueron esenciales

ÍNDICE

Esta edición se terminó de imprimir en
Quebecor Impreandes
Santafé de Bogotá, Colombia
en el mes de enero de 2001